Made in the USA
Las Vegas, NV
17 July 2023

74879968R00068